EL LIBRO DEL APOCALIPSIS

A TU ALCANCE

ROSE
ESPAÑOL

El libro del Apocalipsis a tu alcance

Publicado por Rose Publishing Español
Un sello editorial de Tyndale House Ministries
Carol Stream, Illinois, EE. UU.
rose-publishing.com

La serie A tu Alcance es una colección de libros de bolsillo concisos que resumen enseñanzas bíblicas claves. Proporcionan explicaciones claras y sencillas a preguntas comunes acerca de la fe cristiana. Descubre más libros de la serie A tu Alcance en rose-publishing.com.

ISBN 979-8-4005-0852-3

Originalmente publicado en inglés en el 2023 como *Book of Revelation Made Easy* por Rose Publishing con ISBN 978-1-4964-7803-0.

Traducción al español: Mayra Urízar de Ramírez

Edición en español: José Ismael Ramírez Pérez

Diseño de la portada y maquetación en inglés por Cristalle Kishi. Diseño de la portada y maquetación en español por Sergio Urquiza

Fotos e ilustraciones utilizadas bajo licencia de Shutterstock.com

Impreso en China
Printed in China
June 2025, 1st Printing

CONTENIDO

INTRODUCCIÓN

Si vas a leer este libro, lo más probable es que hayas leído Apocalipsis o hayas oído hablar de su interesante elenco de personajes, el cual incluye ángeles poderosos, bestias aterradoras y un dragón malvado.

Es probable que ese simbolismo dramático te haya dejado rascándote la cabeza, preguntándote: *¿Qué significa todo eso?* Es cierto que Apocalipsis utiliza visiones gráficas para revelar los planes ocultos de Dios para el futuro. Sin embargo, cómo entender esas visiones es algo en lo cual los cristianos no siempre han estado de acuerdo.

El libro del Apocalipsis a tu alcance utiliza resúmenes y cuadros útiles para explicar los conceptos básicos de Apocalipsis, las diversas formas en que los cristianos han entendido su mensaje y los temas en los que los cristianos han estado de acuerdo.

Los acontecimientos mundiales que se describen en Apocalipsis son impresionantes, emocionantes y aterradores, todo al mismo tiempo. ¿Qué significan esos escenarios estremecedores para nosotros hoy en día y para los cristianos a lo largo de la historia? ¿Triunfará, finalmente, el bien sobre el mal?

Esas son preguntas válidas, dignas de escuchar. ¡Siga leyendo para descubrir el verdadero significado de Apocalipsis y obtener una comprensión rica de lo que se trata!

Dios bendice al que lee a la iglesia las palabras de esta profecía y bendice a todos los que escuchan el mensaje y obedecen lo que dice, porque el tiempo está cerca.

APOCALIPSIS 1:3

EL QUIÉN, QUÉ, DÓNDE, CUÁNDO Y PORQUÉ DE APOCALIPSIS

¿Qué es el libro del Apocalipsis?

Apocalipsis se destaca como uno de los libros más singulares del Nuevo Testamento porque se escribió como literatura apocalíptica. En ese tipo de escrito bíblico, los planes ocultos de Dios se revelan a través de visiones, símbolos e imágenes. Muchas veces en el pasado y en el presente, se ha utilizado el libro del Apocalipsis para entender las señales de los últimos días.

En primer lugar, Apocalipsis trata de Jesucristo. Una y otra vez, Jesús se encuentra en el centro de las visiones de Juan. Jesús es el Cordero sacrificado y crucificado que salvó a la humanidad del pecado y la muerte. Además, también es el León conquistador de la tribu de Judá. Es él quien rompe los siete sellos (Apocalipsis 5–8). Es él quien se pone de pie en el monte Sion (14:1) y quien abraza a su pueblo como su amada esposa (19:7). Al final, Jesús es el Rey de reyes victorioso, el Señor de señores y la luz que ilumina la vida de su pueblo para siempre (17:14; 21:23; 22:3).

¿Quién escribió Apocalipsis?

Aunque se identifica a Juan como el escritor de Apocalipsis en el primer versículo, lo que está escrito es la «revelación de Jesucristo» (Apocalipsis 1:1). Apocalipsis y el Evangelio de Juan comparten algunos elementos comunes, lo cual sugiere que la misma persona escribió ambos libros. Sin embargo, el estilo de escritura en griego de Apocalipsis es diferente al de los otros escritos de Juan. Eso ha llevado a algunos eruditos a pensar que otro Juan escribió Apocalipsis. Sin embargo, la creencia de que el apóstol Juan escribió Apocalipsis tiene una larga tradición en la historia de la iglesia, la que los padres de la iglesia Justino Mártir, Ireneo y otros afirmaron ya en el siglo II.

Juan escribió Apocalipsis en la isla griega de Patmos, en el mar Egeo. Los funcionarios romanos de ese tiempo perseguían a los cristianos porque temían que el mensaje

¿QUÉ ES LA LITERATURA APOCALÍPTICA?

Los escritos apocalípticos de la Biblia revelan los planes ocultos de Dios por medio de visiones, símbolos e imágenes. La palabra *apocalipsis* proviene de una palabra griega que significa «desvelar» o «descubrir». Esta es la palabra que en Apocalipsis 1:1 se traduce como *revelación* en la mayoría de las Biblias en español. En los tiempos bíblicos, era frecuente que los escritos apocalípticos surgieran de períodos de intenso sufrimiento y persecución. Esos escritos incluían mensajes de juicio y esperanza de una restauración venidera. El libro de Ezequiel, muchas de las profecías de Daniel y el libro del Apocalipsis son apocalípticos.

de Cristo interfiriera con la adoración de sus dioses paganos. A Juan lo exiliaron a la isla de Patmos porque no daba marcha atrás a compartir «la palabra de Dios y el testimonio de Jesucristo» (Apocalipsis 1:9, RVR60).

¿Cuándo se escribió Apocalipsis?

Algunos eruditos creen que Apocalipsis 11 predice la destrucción del templo de Jerusalén. Eso significaría que el libro se escribió antes del año 70 d. C., cuando los romanos destruyeron el templo. Sin embargo, la mayoría de los eruditos piensan que Apocalipsis se escribió en los años 90 d. C., porque las ciudades de las siete iglesias y los problemas que surgen en Apocalipsis encajan más con la última década del primer siglo, cuando los cristianos enfrentaron persecución bajo el emperador Domiciano.

¿A quién se escribió Apocalipsis?

El público principal son siete iglesias de siete ciudades de la provincia romana de Asia Menor: Éfeso, Esmirna, Pérgamo, Tiatira, Sardis, Filadelfia y Laodicea. La audiencia más amplia del libro es todo el pueblo de Dios que escucha las palabras de Apocalipsis (Apocalipsis 22:18, 21). Está dirigido especialmente a los cristianos que se enfrentan a la persecución y les da esperanza y seguridad de que:

1. Cristo les ofrece esperanza y fuerza en medio de sus dificultades actuales.
2. En el futuro, Dios destruirá los poderes que ocasionan su sufrimiento.

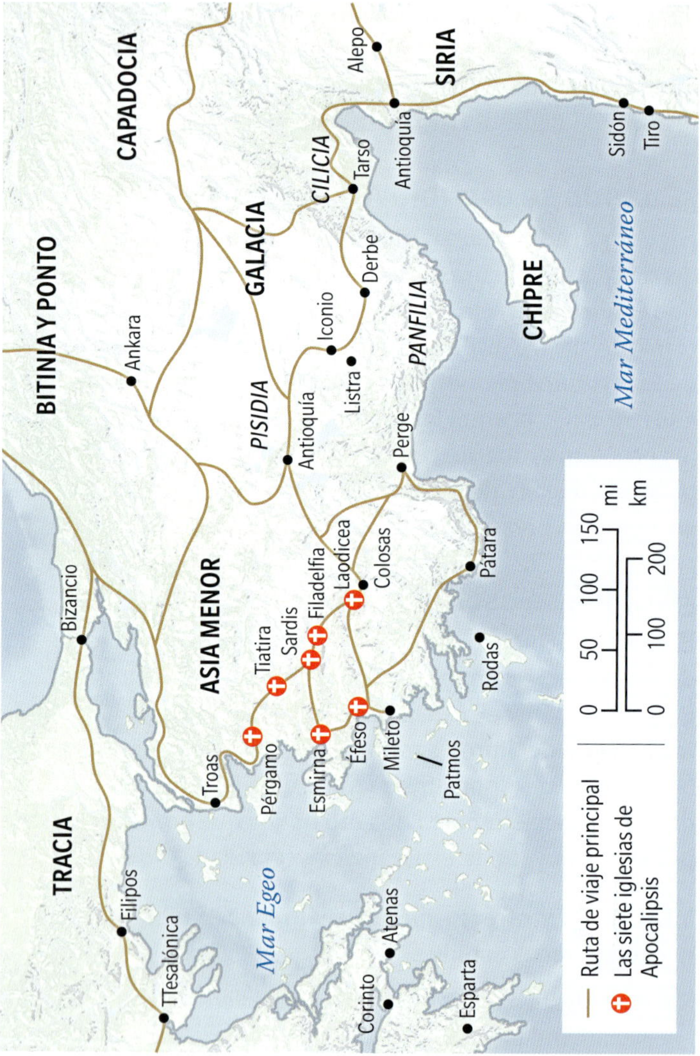

CAPADOCIA
BITINIA Y PONTO
GALACIA
CILICIA
SIRIA
PISIDIA
PANFILIA
CHIPRE
ASIA MENOR
TRACIA
Mar Egeo
Mar Mediterráneo
Alepo
Antioquía
Sidón
Tiro
Tarso
Derbe
Iconio
Listra
Ankara
Antioquía
Perge
Laodicea
Colosas
Pátara
Rodas
Filadelfia
Sardis
Tiatira
Pérgamo
Esmirna
Éfeso
Mileto
Patmos
Troas
Bizancio
Filipos
Tesalónica
Atenas
Corinto
Esparta
Ruta de viaje principal
Las siete iglesias de Apocalipsis
0 50 100 150 mi
0 100 200 km

¿Por qué se escribió Apocalipsis?

Al igual que muchas de las cartas posteriores del Nuevo Testamento, Apocalipsis se escribió a las iglesias que enfrentaban persecución y el peligro de las falsas enseñanzas. Por medio de Juan, Jesús les entrega dos mensajes importantes a los creyentes de esas iglesias:

1. Les advierte que no cedan ante la cultura pecaminosa que los rodea, incluso si eso significa que sus vidas van a ser más fáciles.
2. Los instruye a que se mantengan alejados de los maestros que no explican la verdad acerca de Cristo.

¿Cuál es el mensaje de Apocalipsis?

Victoria: Las visiones de Juan comunican que los creyentes, a fin de cuentas, serán salvados de sus enemigos. Cristo el Cordero, al abrir los sellos del rollo; los ángeles, al anunciar el juicio de Dios; y la aparición del cielo nuevo y la tierra nueva les aseguran que Dios tiene el control y tiene un plan para rescatar a todo su pueblo.

Esperanza: Los últimos dos capítulos tratan de la esperanza que todos los creyentes tienen en un reino futuro. Un día, entrarán en el cielo nuevo y en la tierra nueva, donde Cristo reinará en gloria, de manera que lo adorarán perfectamente. Ya no habrá más pecado ni maldad ni muerte ni llanto. El Señor reinará para siempre en la gran nueva Jerusalén con toda su belleza.

Versículos claves

¡No tengas miedo! Yo soy el Primero y el Último. Yo soy el que vive. Estuve muerto, ¡pero mira! ¡Ahora estoy vivo por siempre y para siempre!

APOCALIPSIS 1:17-18

Irán juntos a la guerra contra el Cordero, pero el Cordero los derrotará porque él es el Señor de todos los señores y el Rey de todos los reyes. Y los que él ha llamado y elegido y le son fieles, estarán con él.

APOCALIPSIS 17:14

¡Miren, el hogar de Dios ahora está entre su pueblo! Él vivirá con ellos, y ellos serán su pueblo. Dios mismo estará con ellos. Él les secará toda lágrima de los ojos, y no habrá más muerte ni tristeza ni llanto ni dolor. Todas esas cosas ya no existirán más.

APOCALIPSIS 21:3-4

LOS «SIETE SIETES»: Un rápido recorrido por Apocalipsis

El libro del Apocalipsis presenta siete ciclos de «sietes». En la Biblia, el número siete con frecuencia simboliza perfección o completitud.

1. **Iglesias:** Después de una breve introducción, Juan comparte la visión que tuvo del poderoso Cristo resucitado, a quien ve vestido de gloria y majestad en el cielo. A continuación, Jesús le ordena a Juan que escriba mensajes muy particulares a las siete iglesias que menciona.
2. **Sellos:** Juan ve un rollo con siete sellos. Uno por uno, describe los poderosos acontecimientos que suceden cuando Cristo abre cada sello.
3. **Trompetas:** Juan explica lo que ve cuando siete diferentes ángeles tocan siete trompetas.

4. **Historias:** El enfoque cambia cuando Juan tiene visiones de siete historias simbólicas. Esas historias describen el desarrollo del plan de Dios para su pueblo y las formas en que Satanás se ha opuesto al mismo.
5. **Copas:** Juan ve cómo siete ángeles derraman siete copas llenas de la ira de Dios contra sus enemigos y los enemigos de su pueblo.
6. **Juicios:** Siete anuncios describen la fuerza del juicio de Dios contra el malvado sistema mundial llamado Babilonia.
7. **Visiones:** Juan tiene siete visiones que describen cómo Dios lleva a cabo su juicio, salva a su pueblo, reina en la tierra y hace nuevas todas las cosas.

1 Los mensajes a las siete iglesias

APOCALIPSIS 1:1–3:22

Introducción (1:1-20)

Bendición y saludos

La visión de Cristo

Mensajes a las iglesias (2:1–3:22)

1. ÉFESO (2:1-7)

«Vuélvete a mí y haz las obras que hacías al principio».

2. ESMIRNA (2:8-11)

«Sé fiel». (NVI)

3. PÉRGAMO (2:12-17)

«Arrepiéntete».

4. TIATIRA (2:18-28)

«Retengan con firmeza lo que tienen hasta que yo venga».

5. SARDIS (3:1-6)

«¡Despierta! Fortalece lo poco que te queda».

6. FILADELFIA (3:7-13)

«Aférrate a lo que tienes».

7. LAODICEA (3:14-22)

«Sé diligente y arrepiéntete».

2 Los siete sellos
APOCALIPSIS 4:1–8:5

Interludio (4:1–5:14)

Visión del cielo
Rollo con siete sellos y el Cordero

Apertura de los sellos (6:1–8:5)

1. EL PRIMER SELLO (6:1-2)
Caballo blanco = vencedor

2. EL SEGUNDO SELLO (6:3-4)
Caballo rojo = no hay paz

3. EL TERCER SELLO (6:5-6)
Caballo negro = falta de alimento

4. EL CUARTO SELLO (6:7-8)
Caballo verde pálido = desastre sobre una cuarta parte de la tierra

5. EL QUINTO SELLO (6:9-11)
Túnicas blancas para las personas asesinadas por causa de Cristo

6. EL SEXTO SELLO (6:12-14)
Terremoto = sol oscuro, luna roja, estrellas que caen del cielo

Interludio (7:1-17)

144.000 siervos de Dios sellados con protección
Innumerables personas en el cielo

7. EL SÉPTIMO SELLO (8:1-5)
Siete ángeles con trompetas
Ángel con un quemador de incienso dorado

3 Las siete trompetas

APOCALIPSIS 8:6–11:19

1. LA PRIMERA TROMPETA (8:6-7)
Granizo, fuego, sangre
Una tercera parte de la tierra se incendió.

2. LA SEGUNDA TROMPETA (8:8-9)
Una montaña de fuego cae en el mar.
Una tercera parte del mar se convierte en sangre.

3. LA TERCERA TROMPETA (8:10-11)
Una estrella cae en la tercera parte de los ríos.

4. LA CUARTA TROMPETA (8:12)
Una tercera parte del sol, de la luna y de las estrellas se oscurece.

Interludio (8:13)
Advertencia de los juicios venideros

5. LA QUINTA TROMPETA (9:1-12)
Langostas demoníacas del abismo sin fondo

6. LA SEXTA TROMPETA (9:13-21)
Doscientos millones de jinetes demoníacos

Interludio (10:1–11:14)
El rollo pequeño: promesa para la iglesia
Los dos testigos

7. LA SÉPTIMA TROMPETA (11:15-19)
«Ahora el mundo ya es el reino de nuestro Señor».

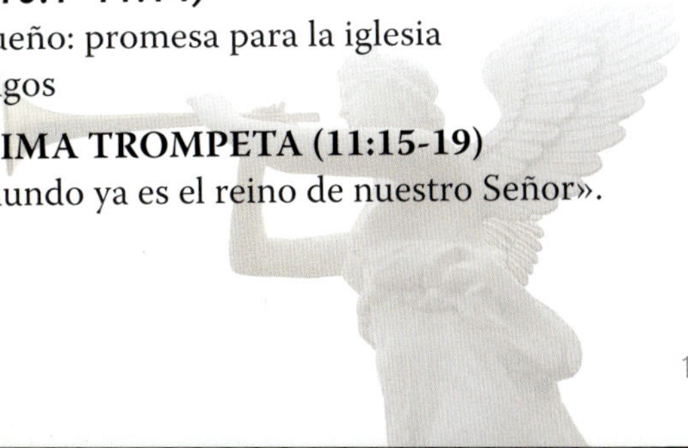

4 Las siete historias simbólicas

APOCALIPSIS 12:1–14:20

1. LA HISTORIA DEL DRAGÓN (12:3-4, 7-12)
Derrota de la «serpiente antigua»

2. LA HISTORIA DE LA MUJER (12:1-2, 4-6, 13-17)
El dragón la persigue.
Dios la defiende.

3. LA BESTIA QUE SALE DEL MAR (13:1-10)
Diez cuernos y siete cabezas
Muestra una peligrosa falta de respeto a Dios.
Tiene poder para hacer la guerra.

4. LA BESTIA QUE SALE DE LA TIERRA (13:11-18)
Engañadora, con dos cuernos
666: el número de la bestia

5. 144.000 REDIMIDOS DE LA TIERRA (14:1-5)
Marcados con el nombre de Dios
Adoradores

6. LOS ANUNCIADORES ANGELICALES (14:6-13)
Primer ángel: «Teman a Dios».
Segundo ángel: «Babilonia ha caído —cayó esa gran ciudad—».
Tercer ángel: Advertencia contra la marca de la bestia

7. LA COSECHA (14:14-20)
Cosecha de almas segadas con hoces

5 Las siete copas de juicio

APOCALIPSIS 15:1–16:21

Los siete ángeles, con las últimas siete plagas (15:1-8)

Las siete Copas (16:1-21)

1. LA PRIMERA COPA (16:2)
Llagas malignas

2. LA SEGUNDA COPA (16:3)
Convierte el mar en sangre.

3. LA TERCERA COPA (16:4-7)
Convierte los ríos y manantiales en sangre.

4. LA CUARTA COPA (16:8-9)
El sol quema a la gente con fuego.

5. LA QUINTA COPA (16:10-11)
Sumerge el reino de la bestia en la oscuridad.

6. LA SEXTA COPA (16:12-16)
Seca el río Éufrates.
Preparación para la gran batalla de Armagedón

7. LA SÉPTIMA COPA (16:17-21)
Juicio contra Babilonia: «¡Todo ha terminado!».

6 Los siete mensajes de juicio

APOCALIPSIS 17:1–19:10

Juicio contra Babilonia (17:1–18:24)

1. EL PRIMER MENSAJE (17:7-18)
Explicación de la visión

2. EL SEGUNDO MENSAJE (18:1-3)
Anuncio de la caída de Babilonia

3. EL TERCER MENSAJE (18:4-8)
Llamado al pueblo de Dios
El juicio de Dios sobre Babilonia

4. EL CUARTO MENSAJE (18:9-10)
Lamento por la caída de Babilonia por parte de los reyes de la tierra

5. EL QUINTO MENSAJE (18:11-17)
Lamento por la caída de Babilonia por parte de los comerciantes de la tierra.

6. EL SEXTO MENSAJE (18:18-20)
Dolor por la caída de Babilonia por parte de los comerciantes marítimos
Regocijo por el juicio de Dios

7. EL SÉPTIMO MENSAJE (18:21-24)
Anuncio de la destrucción definitiva de Babilonia

Interludio (19:1-10)

Regocijo por la caída de Babilonia
«El tiempo ha llegado para la boda del Cordero».

7 Las siete visiones

APOCALIPSIS 19:11–22:21

1. LA PRIMERA VISIÓN (19:11-16)
El cielo se abre, y aparece el jinete del caballo blanco.

2. LA SEGUNDA VISIÓN (19:17-18)
EL ángel invita a las aves al «gran banquete que Dios ha preparado».

3. LA TERCERA VISIÓN (19:19-21)
La bestia y los reyes, listos para la guerra

4. LA CUARTA VISIÓN (20:1-3)
Los mil años (el Milenio)

5. LA QUINTA VISIÓN (20:4-10)
Tronos con jueces
El juicio final de Satanás

6. LA SEXTA VISIÓN (20:11-15)
El juicio de los muertos

7. LA SÉPTIMA VISIÓN (21:1–22:5)
La visión de «un cielo nuevo y una tierra nueva»

Epílogo (22:6-21)

Jesús regresa: «¡Amén! ¡Ven, Señor Jesús!»

LAS SIETE IGLESIAS DE APOCALIPSIS

El libro del Apocalipsis contiene siete cartas de parte de Jesús a las iglesias de siete ciudades importantes de la provincia romana de Asia Menor (la actual Turquía). En esas cartas, después de una breve descripción de sí mismo, Jesús habla de la condición espiritual de cada iglesia. Alaba sus fortalezas, desafía sus debilidades, y cada carta termina con una promesa para «los que salgan vencedores» (Apocalipsis 2:7, 11, 17, 26; 3:5, 12, 21). Esas promesas reflejan el punto principal de todo el libro del Apocalipsis: dar seguridad y consuelo a los creyentes que sufren y padecen persecución. El libro les asegura a los cristianos la victoria final de Dios sobre los poderes del mal y de la muerte.

Ya no habrá más maldición sobre ninguna cosa, porque allí estará el trono de Dios y del Cordero, y sus siervos lo adorarán. Verán su rostro y tendrán su nombre escrito en la frente. [...] Y ellos reinarán por siempre y para siempre.

APOCALIPSIS 22:3-5

TRACIA
Bizancio
Mar Egeo
Troas
ASIA MENOR
Pérgamo
Tiatira
Sardis
PISIDIA
Esmirna
Filadelfia
Antioquía
Laodicea
Éfeso
Colosas
Mileto
Perge
Patmos
Rodas
Pátara
Mar Mediterráneo
Ruta de viaje principal
Las siete iglesias de Apocalipsis
0 50 100 mi
0 75 150 km

1	**ÉFESO** (Ap 2:1-7)
Fortalezas:	Persistencia; rechazar a los falsos apóstoles
Debilidades:	Abandonar a Cristo, su primer amor
Instrucciones:	«Haz las obras que hacías al principio».
Promesas:	Comer del árbol de la vida

2	**ESMIRNA** (Ap 2:8-11)
Fortalezas:	Soportar el sufrimiento y la pobreza; sin embargo, son ricos.
Debilidades:	Ninguna
Instrucciones:	«Sé fiel hasta la muerte». (NVI)
Promesas:	Recibir vida eterna como corona de vencedor

3	**PÉRGAMO** (Ap 2:12-17)
Fortalezas:	Permanecer fieles al nombre de Cristo
Debilidades:	Tolerar a los falsos maestros
Instrucciones:	«Arrepiéntete».
Promesas:	«Maná que ha sido escondido» (provisión); un nombre nuevo.

4	**TIATIRA** (Ap 2:18-29)
Fortalezas:	Obras, amor, fe y servicio
Debilidades:	Tolerar a los falsos profetas
Instrucciones:	«Retengan con firmeza lo que tienen».
Promesas:	Autoridad; «la estrella de la mañana»

5	SARDIS (Ap 3:1-6)
Fortalezas:	Algunos han permanecido fieles.
Debilidades:	Obras inconclusas / obras muertas
Instrucciones:	«¡Despierta! Fortalece lo poco que te queda».
Promesas:	Caminarán con Jesús, vestidos de blanco; sus nombres escritos en el libro de la vida.

6	FILADELFIA (Ap 3:7-13)
Fortalezas:	Guardar la Palabra de Cristo; no negar su nombre
Debilidades:	Ninguna
Instrucciones:	«Aférrate a lo que tienes».
Promesas:	Protegerlos del tiempo de prueba; hacerlos columnas en el templo de Dios

7	LAODICEA (Ap 3:14-22)
Fortalezas:	Ninguna
Debilidades:	Tibios en cuanto a Cristo; confiados en las riquezas
Instrucciones:	Abrirle la puerta a Cristo; enriquecerse en él
Promesas:	Sentarse con Cristo en su trono

1.ª iglesia: ÉFESO Ap 2:1-7

Trasfondo

Éfeso era el principal centro de culto a la diosa Artemisa y un importante centro comercial y cultural construido en el siglo x a. C. Gran parte de su estatus y vida urbana giraba en torno a las actividades celebradas en el templo de Artemisa, las cuales miles de sacerdotes oficiaban. Es probable que todos los ciudadanos, incluso los cristianos, se hayan enfrentado a presiones sociales, culturales y legales para rendir culto a Artemisa y a otros dioses griegos y romanos.

Templo de Adriano, Éfeso

Alabanza

Se alaba a la iglesia de Éfeso por trabajar arduamente y no darse por vencida, por no tolerar a las personas malvadas, por someter a prueba las afirmaciones de los líderes (posiblemente las de los nicolaítas que se mencionan en Apocalipsis 2:6) —así como por rechazarlas cuando se demostraba que eran falsas— y por soportar las dificultades. Las declaraciones se complementan entre sí: su persistencia en su fe los llevaba a no tolerar a las personas malvadas y a volverse aún más fuertes, aunque algunos líderes hubieran tratado de influir negativamente en ellos. Jesús observó su cuidado y lo alabó.

Problema

«¡No me amas a mí ni se aman entre ustedes como al principio!» (Apocalipsis 2:4). Ese amor se refiere a lo siguiente:

1. El amor ardiente por Jesús, el cual experimentan los cristianos cuando creen por primera vez, reciben el perdón, confían en la promesa de una nueva vida y

LOS NICOLAÍTAS

Como grupo, los nicolaítas comprometieron su identidad cristiana al incluir prácticas paganas en sus vidas. Es posible que corrompieran las enseñanzas de Nicolás de Antioquía, uno de los primeros diáconos de la iglesia (Hechos 6:1-5).

tienen el deseo de poner a Dios en primer lugar en sus vidas

2. El amor que los creyentes se tienen los unos a los otros
3. El amor, lo cual siempre debe ser la fuerza motivadora detrás de cada acción del creyente
4. El amor de compartir acerca de Jesús con los no creyentes: algunos eruditos sugieren que, debido a su enfoque en rechazar las falsas enseñanzas, los efesios habían dejado de lado el compartir acerca del amor de Dios y la salvación por medio de Jesucristo.

ARTEMISA

Artemisa, conocida en Roma como Diana, era una antigua diosa de la caza y la fertilidad. El templo de Artemisa de Éfeso era una de las Siete Maravillas del Mundo Antiguo.

Independientemente de cuál sea la referencia correcta, la solución que Jesús identifica es clara: «Vuélvete a mí y haz las obras que hacías al principio» (Apocalipsis 2:5). El amor no es una opción. Es una parte central de lo que significa pertenecer a Cristo.

2.ª iglesia: ESMIRNA Ap 2:8-11

Trasfondo

Esmirna era una de las ciudades romanas más importantes de la zona, un puerto antiguo y rico. El culto al emperador era fundamental para la vida y la reputación de la ciudad, aunque el templo de Atenea también era una fuente de orgullo y una parte importante de la economía de la ciudad. Esmirna tenía una gran población de judíos, muchos de los cuales cooperaban con los líderes de la ciudad en la persecución de los cristianos. Con sus acciones revelaban que se oponían a Dios («su sinagoga le pertenece a Satanás», Apocalipsis 2:9).

Alabanza

El Señor alabó a la iglesia de Esmirna por la riqueza de su persistencia, fidelidad y lealtad, a pesar de su sufrimiento. «Yo sé de tu sufrimiento» expresa la confirmación que Dios les hizo de que Jesús conocía las dificultades de su pueblo, se preocupaba profundamente por ellos y estaba presente con quienes sufrían (Apocalipsis 2:9). «¡Pero tú eres rico!» podría referirse a lo siguiente: (1) la riqueza que vendrá cuando Jesús regrese en gloria o (2) la declaración que Jesús hizo en Mateo 5:10-12: «Dios bendice a los que son perseguidos por hacer lo correcto, porque el reino del cielo les pertenece. Dios los bendice a ustedes cuando la gente les hace burla y los persigue y miente acerca de ustedes y dice toda clase de cosas malas en su contra porque son mis seguidores. ¡Alégrense! ¡Estén contentos, porque les espera una gran recompensa en el cielo!».

CIUDADES IMPORTANTES DE ASIA MENOR

Éfeso, Esmirna y Pérgamo eran las tres ciudades principales de la provincia romana de Asia Menor. Cada una competía con las demás para que la consideraran la más importante. En diferentes épocas, tanto Éfeso como Pérgamo fueron la capital de la provincia.

Problema

«No tengas miedo. [...] Sé fiel» (Apocalipsis 2:10, NVI). La iglesia de Esmirna había permanecido fiel, incluso ante la persecución y la angustia, por lo que Jesús los exhortó a que siguieran adelante, incluso cuando el futuro les depararía más sufrimiento. De hecho, es posible que tuvieran que entregar sus vidas por causa de Jesús. Sin embargo, a pesar de lo difícil que eso les resultaría, Jesús no les pidió que hicieran algo que él mismo no estuvo dispuesto a hacer.

Ruinas de un mercado de Esmirna

3.ª iglesia: PÉRGAMO Ap 2:12-17

Trasfondo

Pérgamo era un importante centro de aprendizaje, en especial para la medicina, y el sitio del santuario de Asclepio, el dios de la sanidad. La ciudad albergaba la segunda biblioteca más grande del mundo antiguo. Solo la superaba la biblioteca de Alejandría en Egipto. Pérgamo era también centro administrativo de la provincia y famosa por su culto al emperador y su gran altar a Zeus.

Templo de Trajano en la acrópolis de Pérgamo

Alabanza

A pesar de luchar en una sociedad y una cultura difíciles y exigentes, se alaba a la iglesia de Pérgamo porque permanecía fiel a Cristo. De hecho, como sugiere la muerte de Antipas, estaban dispuestos a morir por su fe (Apocalipsis 2:13).

BALAAM

En el Antiguo Testamento, Balaam fue un profeta pagano, a quien Balac, el rey moabita, contrató para maldecir a Israel. Sin embargo, Dios hizo que Balaam hablara tan solo lo que Dios ponía en su boca (Números 22:35), por lo que, al final, Balaam lo único que consiguió hacer fue bendecir a Israel. Desafortunadamente, con el tiempo, Balaam se las ingenió para llevar a Israel a que ofreciera culto a ídolos. En la época en que se escribió el Nuevo Testamento, los judíos consideraban a Balaam un excelente ejemplo de una persona cuyas enseñanzas no debían seguirse (2 Pedro 2:15; Judas 1:11).

Problema

«Por lo tanto, ¡arrepiéntete!» (Apocalipsis 2:16). A pesar de su fidelidad, algunos miembros de la iglesia habían permitido que las enseñanzas inmorales y erróneas se arraigaran en la iglesia. Tanto los nicolaítas como los seguidores de Balaam habían descarriado a algunas personas de la iglesia, por lo que varias ya participaban en prácticas tanto cristianas como paganas. Las enseñanzas y prácticas falsas se tenían que eliminar porque el mal los destruiría. Como sea, la oscuridad y la mentira no tienen poder sobre la luz y la verdad de Jesús. La falta de arrepentimiento les acarrearía juicio: «Vendré a ti de repente y pelearé contra ellos con la espada de mi boca» (Apocalipsis 2:16).

EL TRONO DE SATANÁS

En su carta a la iglesia de Pérgamo, Jesús les escribió lo siguiente: «Yo sé que vives en la ciudad donde Satanás tiene su trono» (Apocalipsis 2:13). Este trono podría tratarse del gran altar de la ciudad dedicado al dios griego Zeus. Sin embargo, lo más probable es que se refiera a un famoso «hospital» antiguo dedicado a Asclepio, el dios principal de la sanidad. Ya que se pensaba que las serpientes sanaban, se colocaban en las camas de los pacientes. Para los cristianos y los judíos, las serpientes eran un símbolo bíblico de Satanás. Ese falso centro de sanidad era una barrera para la verdadera curación física y espiritual disponible para los creyentes en Cristo.

Ruinas del asclepeion de Pérgamo, un antiguo «hospital» dedicado a Asclepio, el dios principal de la sanidad

4.ª iglesia: TIATIRA Ap 2:18-29

Trasfondo

Tiatira era un centro de negocios, ubicado entre Pérgamo y Sardis, en una importante calzada romana. Era un puesto militar crucial para quien controlara la zona y era muy conocida por sus numerosos gremios comerciales: artesanos de lana y lino; fabricantes de cuero, bronce y prendas de vestir exteriores; tintoreros, alfareros y panaderos; y traficantes de esclavos.

Alabanza

La iglesia se destaca tanto por sus obras, su amor, su fe y su servicio como por soportar dificultades y progresar

Ruinas de la antigua Tiatira

constantemente (Apocalipsis 2:19). El Señor del universo está consciente de lo que su pueblo hace y se interesa en sus acciones. El amor y la fe son la fuente de las obras del creyente. En otras palabras, las acciones, las obras y los hechos deben ser motivados por el amor y la fe. Servir a los débiles y necesitados, así como compartir la bondad y el amor de Dios, eran cualidades de la iglesia de Tiatira.

Problema

«Le daré a cada uno de ustedes lo que se merezca» (Apocalipsis 2:23). Los miembros de la iglesia que toleraban a «esa mujer —esa Jezabel que se llama a sí misma profetisa—», en otras palabras, aquellos que permitían prácticas paganas en la iglesia, sufrirían «terriblemente, a menos que se [arrepintieran] y [abandonaran] las maldades de ella» (Apocalipsis 2:20, 22). A los miembros de la Iglesia que hubieran permanecido fieles a Jesús y a sus enseñanzas no se les pediría «nada más» que retener con firmeza lo que tenían hasta que Jesús viniera (Apocalipsis 2:24-25). Observe que, a pesar de su pecado, Jesús prometió un buen futuro si se arrepentían.

JEZABEL

Jezabel es el nombre de la esposa de Acab, uno de los reyes de Israel del Antiguo Testamento (1 Reyes 16:31). Ella condujo a su esposo y a Israel a dar culto a los dioses paganos de su tierra natal, Fenicia. Por la forma en que el nombre Jezabel se usa en el capítulo 2 de Apocalipsis, es probable que se refiera a una persona real que había recibido ese nombre como apodo porque enseñaba ideas falsas, las cuales la iglesia aceptaba sin replicar.

5.ª iglesia: SARDIS Ap 3:1-6

Trasfondo

Sardis, la capital del poderoso y rico Imperio lidio, estaba construida en lo alto de una llanura, lo cual la hacía importante desde el punto de vista militar. Ubicada en una importante carretera, fue un centro de comercio y de elaboración de alfombras y artículos de lana, al menos durante un tiempo. Sardis también era conocida como la primera ciudad en producir monedas de oro y plata, lo que fue el comienzo de la moneda moderna. Una gran sinagoga y un complejo de baños y gimnasio cubrían más de dos hectáreas de la ciudad.

Alabanza

A Cristo le agradaba que algunos de los creyentes de Sardis hubieran permanecido fieles a la fe. Debido a que estaban libres de culpa, se les vestiría de blanco y caminarían con Jesús, además, sus nombres nunca se borrarían del libro de la vida (Apocalipsis 3:4-5). Sin embargo, en general, la iglesia de Sardis no había crecido. Sus miembros hacían todo por rutina y participaban en prácticas que ya no les interesaban y por las que mostraban poco o ningún entusiasmo. Algunos creyentes se habían «manchado la ropa» (Apocalipsis 3:4), una posible referencia al pecado de dar culto a ídolos.

Problema

¡La iglesia de Sardis estaba muerta! El diagnóstico es una crítica a su culto a ídolos: es posible que hubieran practicado el culto a la diosa Cibeles.

El mensaje no hace una referencia clara a la persecución, pero es probable que aquellos que estaban «vestidos de blanco» y eran «dignos» (Apocalipsis 3:4) fueran quienes sufrieron por causa de Jesús (Apocalipsis 7:9-17). El desafío para la iglesia de Sardis era despertar de su estupor espiritual y recordar lo que habían escuchado y aprendido.

El complejo del gimnasio de Sardis

El mensaje anima a la iglesia a que recordara lo que habían creído y amado al principio, lo que habían practicado y compartido con los demás. Se les instruye a que hicieran memoria y actuaran conforme a ese recuerdo y a que se arrepintieran de sus malos caminos.

Hoy en día, los creyentes en Cristo también deben mantenerse en guardia contra los aspectos de la vida que, aunque sean buenos, pueden distraerlos de Dios y convertirse en ídolos, por ejemplo, el dinero, las propiedades, el estatus y la educación.

6.ª iglesia: FILADELFIA Ap 3:7-13

Trasfondo

Filadelfia era un exitoso centro de negocios, principalmente porque estaba ubicada a la entrada de un valle fértil. También era conocida por sus numerosos templos y festivales religiosos. En el año 17 d. C., un devastador terremoto destruyó la ciudad por completo, pero fue reconstruida. La ciudad fue fundada apenas unos doscientos años antes de Cristo. El rey Eumenes II la llamó Filadelfia en honor a su hermano. El nombre significa «ciudad del amor fraternal».

Alabanza

Aunque se sabe muy poco acerca de la iglesia de Filadelfia, de la carta se desprende claramente que, a pesar de que aparentemente no tenía una voz fuerte en la comunidad, permanecía fiel y leal a Cristo. Dios los alabó por haber obedecido su «mandato de perseverar» (Apocalipsis 3:10). Al igual que todas las iglesias de la época, los creyentes de Filadelfia también sufrieron persecución.

Problema

«Yo te protegeré del gran tiempo de prueba que vendrá sobre el mundo entero» (Apocalipsis 3:10). La iglesia

Ruinas de la iglesia de San Juan en Manisa Alasehir, Turquía (antigua Filadelfia)

de Filadelfia estaba espiritualmente en muy buena forma. Debido a su perseverancia y fidelidad, el Señor se ocuparía de sus acusadores y libraría a la iglesia del sufrimiento venidero. Él los animó a «aferrarse» a la fuerza que tenían para que obtuvieran la «corona» de la vida eterna (Apocalipsis 3:11). Convertirse en un pilar, un símbolo de permanencia y estabilidad, era un estímulo particular para los creyentes de Filadelfia porque habían sufrido a causa de terremotos. Dios alabó su perseverancia, la cual demostraba su confianza en él.

LA CIUDAD DEL AMOR FRATERNAL

Atalo, hermano del rey Eumenes II, fue un consumado comandante militar. Debido a su lealtad a su hermano, se ganó el apodo de Filadelfo, que significa «la persona que ama a su hermano». Eumenes incluso anunció que, a su muerte, Atalo sería su sucesor.

Rey Eumenes II

7.ª iglesia: LAODICEA Ap 3:14-22

Trasfondo

Esta ciudad estratégica estaba ubicada en la encrucijada de dos rutas comerciales cruciales. En la época romana, era un próspero centro de negocios conocido por su banca, su industria textil (especialmente la producción de lana negra) y su escuela de oftalmología (conocida por un colirio que se desarrolló en ella). La ciudad era sólida financieramente, incluso fue capaz de reconstruirse sin la ayuda de los romanos cuando la destruyó un terremoto en el año 60 d. C. Carecía de un buen suministro de agua, por lo que se construyó un acueducto.

Alabanza

Esta es la única iglesia que no recibe un mensaje positivo.

Problema

«¡Te escupiré de mi boca!» (Apocalipsis 3:16). En los mensajes anteriores, la presencia de Jesús llevó consuelo. Sin embargo, aquí fue una mala noticia porque la iglesia era «tibia», como el agua de la ciudad (Apocalipsis 3:16). La iglesia tenía poco o nada que ofrecer en cuanto a aliento, refrigerio o crecimiento espiritual porque había perdido su enfoque en Jesús.

La ciudad estaba ubicada cerca de una región con varios volcanes. Hierápolis, en el norte, y Colosas, en el oriente, tenían aguas calientes y frías, respectivamente. Hierápolis tenía agua caliente de sus numerosas aguas termales, las cuales eran útiles para tratar ciertas enfermedades. Colosas tenía aguas frescas y refrescantes que hacían que todo el valle fuera fértil. Esas aguas formaban parte de su identidad como ciudades. Debido a que Jesús afirmó que la iglesia de Laodicea no era ni fría ni caliente, todo apunta a que, al igual que el agua de la ciudad, su celo y amor por Dios se habían vuelto tibios. Había perdido su identidad cristiana.

Ruinas de Laodicea

Enfocada en ganar riqueza y estatus, la iglesia no mostraba dependencia de Dios. Las verdaderas riquezas solo vienen de Dios, quien podía vestirlos de blanco y calmar y abrir sus ojos para que vieran lo que era verdaderamente importante (Apocalipsis 3:18).

«Sé diligente y arrepiéntete» (Apocalipsis 3:19). El llamado de Dios era que volvieran a la fidelidad y a la persistencia. La iglesia debía reconocer que estaba en bancarrota espiritual y que había expulsado a Jesús. Por el contrario, Jesús estaba allí, llamaba a la puerta y ponía su presencia a disposición de la iglesia.

¿Qué revelan las siete iglesias acerca de Jesús?

El ejemplo de Cristo de amor, servicio, humildad, sacrificio y obediencia tiene el propósito de moldear la vida de sus seguidores. Por otro lado, los cristianos no pueden imitar con éxito su carácter por sí mismos. Jesús dijo a sus discípulos: «Separados de mí, no pueden hacer nada» (Juan 15:5). Las siete iglesias de Apocalipsis revelan pistas importantes en cuanto a cómo Jesús quiere mantenerse estrechamente unido a los suyos a fin de llenarlos de poder para que lo conozcan y sean como él. En el proceso, ellos experimentarán su paz, consuelo y gozo, que compartirán con el mundo que los rodea.

1. ÉFESO

Este es el mensaje de aquel que tiene las siete estrellas en la mano derecha, del que camina en medio de los siete candelabros de oro.

APOCALIPSIS 2:1

En el mensaje de Jesús a los creyentes de Éfeso, los siete candelabros representan a la iglesia en general. El hecho de que Jesús camina en medio de ellos señala la maravillosa verdad de que él está constantemente presente con su pueblo. Así como los candelabros del tabernáculo representaban la presencia de Dios (Éxodo 25:31-37; ver también Zacarías 4:2-10), aquí simbolizan la presencia de Jesús entre su pueblo. Las siete estrellas que él sostiene podrían ser seres celestiales o seres humanos.

Esas descripciones revelan que Jesús tiene autoridad sobre la iglesia en la tierra y en el cielo. Jesús ofrece la seguridad de que su fidelidad asegura la victoria final de la iglesia. Aferrarse a esa verdad ayudará a su pueblo en tiempos de persecución y sufrimiento.

2. ESMIRNA

Este es el mensaje de aquel que es el Primero y el Último, que estuvo muerto pero ahora vive.

APOCALIPSIS 2:8

Jesús usó la frase «el Primero y el Último» tres veces en Apocalipsis (1:17; 2:8; 22:13), lo cual coincide estrechamente con la descripción que se hace de Dios en Isaías 41:4, 44:6 y 48:12. En Isaías, se usa para expresar que el Señor es el único Dios verdadero. Por lo tanto, cuando Jesús usó esa frase en Apocalipsis, enfatizaba a los lectores las verdades importantes de que:

1. Él es Dios y la fuente y el fin de todas las cosas.

2. Él es soberano sobre toda la creación.
3. Él es eterno.

Debido a la competencia que Esmirna tenía con Éfeso y Pérgamo para ser la ciudad más importante de Asia Menor, también es posible que Jesús haya usado esa descripción para animar a los creyentes de allí a arraigar firmemente su identidad en él, un «primero» mucho más estable y legítimo.

3. PÉRGAMO

Este es el mensaje de aquel que tiene la espada aguda de doble filo.

APOCALIPSIS 2:12

El significado que está detrás de la descripción que Jesús hizo de su «espada aguda de doble filo» se explica con más detalle en el versículo 16 como «la espada de mi boca». Esa frase se relaciona con una profecía de Isaías acerca del siervo mesiánico del Señor que dice: «Hizo que mis palabras de juicio fueran tan filosas como una espada» (Isaías 49:2). Los contextos de esos pasajes sugieren el juicio divino. Dado que los dictámenes para toda la provincia romana de Asia Menor se originaban en Pérgamo, el mensaje de Jesús muestra a los creyentes de Pérgamo que *él* es el verdadero gobernante y juez de la iglesia y de toda la humanidad.

4. TIATIRA

Este es el mensaje del Hijo de Dios, el que tiene los ojos como llamas de fuego y los pies como bronce pulido.

APOCALIPSIS 2:18

A todos los que salgan vencedores y me obedezcan hasta el final: Les daré autoridad sobre todas las naciones. [...] Tendrán la misma autoridad que yo recibí de mi Padre.

APOCALIPSIS 2:26-28

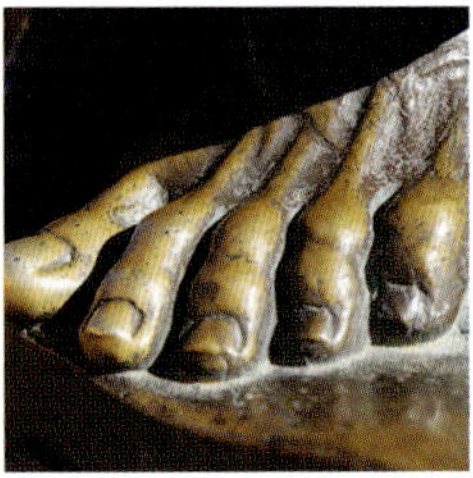

Es posible que Jesús se haya llamado a sí mismo «Hijo de Dios» cuando se dirigió a la iglesia de Tiatira para darle un golpe al falso dios Apolo y a los emperadores romanos que se consideraban hijos del dios Zeus. La poderosa descripción que Jesús hizo de sus ojos y sus pies es similar a la visión mesiánica del profeta Daniel de un gran hombre (Daniel 10:4-6). El hecho de que Jesús les concederá «autoridad sobre todas las naciones» es similar a la descripción del Salmo 2 sobre el Mesías, quien gobierna sobre las naciones que querían hacerle daño y las convierte en su herencia. Ambas referencias revelan y confirman aún más la identidad de Jesús como el Mesías judío que triunfará sobre sus enemigos y redimirá a las naciones.

5. SARDIS

Este es el mensaje de aquel que tiene el Espíritu de Dios de siete aspectos y las siete estrellas.

APOCALIPSIS 3:1

Esta descripción que se hace de Jesús, quien sostiene al Espíritu de Dios de siete aspectos, se refiere al «Espíritu de siete aspectos que está delante de su trono» de Apocalipsis 1:4. Ese Espíritu de siete aspectos se describe en Isaías 11:2: «El Espíritu del Señor reposará sobre él: el Espíritu de sabiduría y de entendimiento, el Espíritu de consejo y de poder, el Espíritu de conocimiento y de temor del Señor». El número siete aquí no representa la completitud, sino la autoridad divina. Las siete estrellas que sostiene Jesús se refieren a los siete mensajeros que enviaron a las iglesias, quienes van con toda la autoridad de Dios para llevar a cabo sus tareas. El mensaje a los creyentes de Sardis es que Jesús, tanto entonces como ahora, viene a la iglesia con la plenitud de la autoridad de Dios.

6. FILADELFIA

Este es el mensaje de aquel que es santo y verdadero, el que tiene la llave de David.

APOCALIPSIS 3:7

La descripción que Jesús hizo de sí mismo como «santo» le decía a la iglesia de Filadelfia que, a diferencia de los emperadores romanos que eran dioses falsos, él es el único digno de adoración y el único digno de juzgar al mundo. La descripción de que él es «verdadero» también podría significar «fiel», que es el nombre del jinete en del caballo blanco de Apocalipsis 19:11. El mensaje de Jesús es que él es alguien firme y nunca cambia, por lo que esperaba fidelidad de las siete iglesias. Al usar la frase «la llave de David», Jesús se refiere a Isaías 22:22: «Le daré la llave de la casa de David, la posición más elevada dentro de la corte real. Cuando él abra puertas, nadie podrá cerrarlas; cuando él cierre puertas, nadie podrá abrirlas». Jesús es descendiente de David y, así como tiene «las llaves de la muerte y de la tumba» (Apocalipsis 1:18), tiene la respuesta para la vida eterna. Por medio de esas descripciones, Jesús le comunicó a la iglesia de Filadelfia que él es el fiel que tiene autoridad sobre la vida y la muerte y sobre toda la creación.

7. LAODICEA

Este es el mensaje de aquel que es el Amén, el testigo fiel y verdadero, el principio de la nueva creación de Dios.

APOCALIPSIS 3:14

La palabra *amén* significa «fidelidad» o «confiabilidad»; en la Biblia se usa a menudo para hacer énfasis en una bendición. Al usar esa descripción de sí mismo, Jesús podría haberse referido a Isaías 65:16, donde el nombre de Dios se usa con las bendiciones y los juramentos: «Todos los que invoquen una bendición o hagan un juramento lo harán por el Dios de la verdad». Jesús les dijo a los creyentes de Laodicea quc las bendiciones que ellos pronunciaran y el cumplimiento de los juramentos que ellos hicieran solo se harían efectivos por la confiabilidad de él. La expresión «el testigo fiel y verdadero» es similar a la frase «santo y verdadero» que Jesús le expresó a la iglesia de Filadelfia (Apocalipsis 3:7). El mensaje que Jesús compartía es que él es «el testigo fiel y verdadero» porque Dios es digno de confianza y nunca cambia. Hebreos 13:8 confirma eso cuando dice que «Jesucristo es el mismo ayer, hoy y siempre».

¿Qué tienen en común las siete iglesias?

La respuesta corta a esta pregunta, desafortunadamente, es la *persecución*. Después de decirles a sus discípulos que pronto los dejaría, Jesús les advirtió: «Ya que me persiguieron a mí, también a ustedes los perseguirán» (Juan 15:20). ¡Qué desconcertante debe de haber sido el anunciarles semejante panorama a sus discípulos confundidos y afligidos! Sin embargo, lo que Jesús quería señalar era que quienes los persiguieran solo lo harían porque Jesús estaría presente con los discípulos. Jesús también aseguró que no abandonaría a los discípulos en sus sufrimientos venideros. Prometió enviarles al Consolador, el Espíritu Santo: «A ustedes yo les enviaré al Abogado Defensor, el Espíritu de verdad. Él vendrá del Padre y dará testimonio acerca de mí. [...] Les he dicho estas cosas para que no abandonen su fe» (Juan 15:26–16:1).

A finales del primer siglo, cuando probablemente se escribió Apocalipsis, algunos odiaban a la iglesia. El libro del Apocalipsis les dio seguridad y consuelo a esos creyentes y continuará haciéndolo para los futuros creyentes que experimenten sufrimiento y persecución. Esos temas son cruciales en cada una de las cartas a las siete iglesias. Cada carta también les asegura a los cristianos la victoria final de Dios sobre los poderes del mal y la muerte. La victoria de Jesús es el primer paso decisivo. Los cristianos dan el siguiente paso al permanecer fieles en su devoción a Cristo y al compartir con el mundo la Buena Noticia de su salvación.

Dios los bendice a ustedes cuando la gente les hace burla y los persigue y miente acerca de ustedes y dice toda clase de cosas malas en su contra porque son mis seguidores. ¡Alégrense! ¡Estén contentos, porque les espera una gran recompensa en el cielo! Y recuerden que a los antiguos profetas los persiguieron de la misma manera.

MATEO 5:11-12

CUATRO MANERAS DE ENTENDER APOCALIPSIS

El Apocalipsis es un libro de la Biblia apasionante, en el cual Jesucristo aparece en primer plano como vencedor y Rey que ofrece esperanza y aliento a los cristianos que enfrentan persecución. A causa de sus visiones apocalípticas y su temática de gran complejidad, sin embargo, suele ser un libro de la Biblia que se malentiende. Ver los diferentes enfoques que se han planteado sobre Apocalipsis, los cuales los cristianos han sostenido a lo largo de los siglos, ayudará a brindar conocimiento y entendimiento.

¿Cuáles son los cuatro puntos de vista sobre Apocalipsis?

Tanto el Antiguo como el Nuevo Testamento revelan a Dios como Señor de la historia. Aunque los cristianos de todas las épocas han creído que Jesús vendrá por segunda vez, no todos los cristianos se han puesto de acuerdo en que Apocalipsis trata de la Segunda Venida. Si las visiones de Apocalipsis se han cumplido, se están cumpliendo o aún se han de cumplir es un tema de debate. Sin embargo, el espíritu del último capítulo, el que le pide a Jesús que venga pronto, es algo en lo que todos los cristianos pueden estar de acuerdo: «¡Ven, Señor Jesús!» (Apocalipsis 22:20).

RESUMEN DE LOS CUATRO PUNTOS DE VISTA SOBRE APOCALIPSIS

FUTURISTA	HISTORICISTA
Apocalipsis es una profecía que trata principalmente acerca del fin del mundo.	El libro del Apocalipsis es una profecía sobre la historia de la iglesia desde los tiempos de Juan hasta el fin del mundo.
IDEALISTA	**PRETERISTA**
Apocalipsis es un drama sobre las realidades espirituales que no es histórico ni profético.	El libro del Apocalipsis es una profecía que se cumplió, en su mayor parte, en el primer siglo.

El punto de vista futurista

Según el punto de vista futurista, todos o casi todos los eventos de Apocalipsis aún no han ocurrido. Apocalipsis es principalmente una hoja de ruta para el futuro, una profecía sobre el fin del mundo y los años que vienen inmediatamente antes del fin. Los premilenialistas dispensacionales, así como algunos premilenialistas históricos, interpretan Apocalipsis de esta manera (ver las páginas 71–72).

Punto de vista historicista

El punto de vista historicista afirma que Apocalipsis es una profecía sobre la historia de la iglesia desde los tiempos de Juan hasta el fin del mundo. Apocalipsis es como un libro de texto de historia del pasado, el presente y el futuro. Los historicistas ven los acontecimientos de Apocalipsis como descripciones simbólicas de los eventos históricos a lo largo de la historia de la iglesia. Algunos futuristas también entienden las siete iglesias de una manera histórica, por lo que tratan cada iglesia como descriptiva de una época particular de la historia de la iglesia.

Punto de vista idealista

Los idealistas ven Apocalipsis como un drama acerca de realidades espirituales que no es histórico ni profético. Creen que es una parábola para todos los tiempos y lugares, y que las imágenes, visiones y sueños son expresiones de luchas entre el bien y el mal a lo largo del tiempo. Este punto de vista parece haber comenzado a desarrollarse con los antiguos teólogos de Alejandría, Egipto, que con frecuencia espiritualizaban los textos bíblicos. Este punto de vista también tiene adeptos hoy en día.

Punto de vista preterista

Los preteristas entienden el libro del Apocalipsis como una profecía que se cumplió en su mayor parte en el primer siglo. Para los preteristas, Apocalipsis es como un periódico de la antigüedad. Los preteristas parciales ven la mayor parte de Apocalipsis como profecía que se cumplió en el primer siglo, aunque los capítulos finales describen acontecimientos futuros que ocurrirán al final de los tiempos. Los preteristas totales piensan que el regreso de Jesús que se describe en Apocalipsis 19 fue espiritual y ocurrió en el año 70 d. C. Los preteristas suelen ser amilenialistas o postmilenialistas, aunque algunos premilenialistas históricos podrían encajar en esta categoría (ver las páginas 71–73).

COMPARACIÓN DE LOS PUNTOS DE VISTA SOBRE APOCALIPSIS

	APOCALIPSIS 1:1 «pronto»; 1:3 «cerca» 1:19 «ahora» (Ver también 22:6, 7,12, 20)	APOCALIPSIS 2:1–3:22 Las siete iglesias de Asia Menor
FUTURISTA	Estas palabras se refieren a la totalidad de los «últimos días» o a la prontitud con la que Jesús regresará.	La profecía comienza con las siete iglesias, las cuales eran iglesias reales en los días de Juan y también pueden simbolizar los tipos de iglesias presentes en los últimos días.
HISTORICISTA	La profecía comenzó a cumplirse cerca del tiempo de la vida del autor.	La profecía comienza con las siete iglesias reales en los días de Juan y continúa a través de la historia a partir de allí.
IDEALISTA	Cristo siempre está a la mano, cercano y listo para salvar a su pueblo.	El libro comienza con las siete iglesias, las cuales simbolizan las tendencias de la iglesia que pueden ocurrir en todas las épocas.
PRETERISTA	*Cerca* y *pronto* se interpretan literalmente.	La profecía comienza con las siete iglesias reales de Asia Menor. Luego se enfoca en la tierra de Israel antes del año 70 d. C.

	APOCALIPSIS 4:1-3 Dios en su trono	APOCALIPSIS 5:1-4 El rollo
	Desde su trono, Dios le da a Juan una visión de los acontecimientos que han de suceder «después de esto».	El rollo podría ser el título de propiedad de la tierra o el mensaje profético de Dios de Apocalipsis, o la voluntad y el testamento eternos de Dios.
	Dios está a punto de trazar su dominio sobre la historia: la primera parte de esa historia se revela bajo la visión de los siete sellos.	El rollo es la historia venidera de la iglesia, tal como Dios la revela; él es Señor sobre ella.
	Dios le da a Juan el punto de vista celestial en cuanto a las verdades importantes acerca del poder de Dios sobre todas las cosas y su cuidado por la iglesia.	El rollo es la voluntad y el testamento de Dios, que revela su plan de salvación para todos los tiempos.
	El tribunal de Dios en el templo celestial es el escenario. El Juez en su trono está a punto de celebrar el juicio.	El rollo es el documento de divorcio de Dios contra el Israel infiel, o es la voluntad y el testamento eternos de Dios.

	APOCALIPSIS 6:1-17 Los sellos	APOCALIPSIS 7:1-8 Los 144.000
FUTURISTA	Los sellos comienzan a describir la Gran Tribulación; cada sello que se abre conduce a una tragedia mayor sobre la tierra.	Los 144.000 son cristianos judíos de los últimos días.
HISTORICISTA	Los sellos son las etapas de la historia de la iglesia, por lo que tal vez describen a la iglesia desde finales del primer siglo hasta finales del séptimo siglo después de Cristo.	Los 144.000 son un número simbólico que representa a toda la iglesia.
IDEALISTA	Los sellos se refieren a males recurrentes a lo largo de la historia y a la autoridad de Dios sobre ellos.	Los 144.000 son el verdadero Israel espiritual: la iglesia en la tierra.
PRETERISTA	Los sellos describen la guerra romana con los judíos, lo que llevó a la destrucción de Jerusalén (70 d. C.).	Los 144.000 pueden ser los cristianos judíos que escaparon de la destrucción de Jerusalén.

APOCALIPSIS 8:1-13 Las trompetas	APOCALIPSIS 9:13-19 Los cuatro ángeles en el Éufrates
Las trompetas describen los acontecimientos de la Tribulación en los últimos días. 	Los cuatro ángeles representan los ejércitos de Oriente que marcharán contra Israel en los últimos días. Cruzarán el Éufrates como señal de guerra.
Las trompetas son las etapas de la historia de la iglesia, tal vez desde aproximadamente el año 400 d. C. hasta el siglo XV (o hasta el presente).	Los cuatro ángeles podrían representar los cuatro principados del Imperio turco. Los turcos destruyeron lo último del Imperio romano en el año 1453 d. C.
Las trompetas tienen que ver con los ciclos del pecado humano, las consecuencias y la salvación de Dios.	Los cuatro ángeles representan el juicio de Dios que cae sobre el mal cuando ya no hay más restricción, que se representa con el río Éufrates.
Las trompetas representan una visión de la guerra romana con los judíos en el primer siglo y extienden la descripción de los sellos con más detalle.	Los cuatro ángeles pueden representar las cuatro legiones de soldados romanos destacados en Siria que Vespasiano lideró contra los judíos (alrededor del año 70 d. C.). Los colores que se mencionan son los colores militares romanos.

APOCALIPSIS 10:8-11
El rollo pequeño

FUTURISTA	El rollo pequeño representa el plan divino para el fin de los siglos; con él se muestra que la Palabra de Dios es tanto dulce como amarga para los profetas y mensajeros de Dios. 
HISTORICISTA	El rollo pequeño puede ser la Biblia en la época de la Reforma. Era dulce para quienes estaban hambrientos de la Palabra de Dios pero amarga para quienes querían controlar su información y mantenerla alejada de la gente común.
IDEALISTA	El rollo pequeño es el evangelio, el cual se debe predicar y se predicará a todos los «pueblos, naciones, lenguas y reyes».
PRETERISTA	El rollo pequeño es el mismo documento de divorcio que se encuentra en Ap 5:1-4, aunque ahora está sin sellar y vacío de contenido, lo cual indica que los juicios contra Israel ocurren ya.

	APOCALIPSIS 11:1-2 **El templo**
	La medición del templo se refiere a la nación de Israel y al templo que será reconstruido en los últimos días. Aunque Israel ha sido restaurado, sigue esperando la reconstrucción de su fe. Esta fe se centrará en el nuevo templo y con el tiempo conducirá a algunos de los judíos a la fe en Cristo.
	La medición del templo, del altar y de quienes adoran allí indica la evaluación de Dios de la iglesia, la doctrina de la justificación por la fe, y lo que constituye la verdadera membresía de la iglesia.
	La medición del templo y el abandono del atrio exterior representan la división que siempre ha estado presente entre los verdaderos creyentes y quienes son cristianos solo de nombre. El pisoteo del atrio significa la forma en que el mundo incrédulo corrompe a la iglesia, pero eso durará solo por un corto tiempo.
	La medición del templo y sus estancias, al igual que comerse el rollo en el capítulo 10, refleja lo que sucede en Ez 40–47. Ambos pasajes representan la destrucción del templo y la separación de los fieles (simbolizados por el santuario) de los infieles (simbolizados por el atrio).

	APOCALIPSIS 12:13-17 **La mujer perseguida**
FUTURISTA	La mujer es Israel (el sol, la luna y las estrellas, Gn 37:9). El niño es Cristo (la vara de hierro, Sal 2:9). El dragón es Satanás, quien está detrás de la venida del Anticristo. Como jefe del «Imperio romano» revivido, el Anticristo atacará a Israel.
HISTORICISTA	La mujer es la iglesia verdadera bajo persecución. La «tercera parte de las estrellas» puede referirse a la división del Imperio romano bajo tres emperadores en el año 313 d. C., o puede referirse a las divisiones de Europa posteriores a la Reforma.
IDEALISTA	La mujer es Israel como el símbolo ideal de todos los fieles. El niño es Cristo y el dragón es Satanás, el gran perseguidor de la iglesia en todas las épocas. Las estrellas son los ángeles que cayeron con Satanás en su rebelión. Las siete cabezas y coronas hablan de todo el poder político y la autoridad de Satanás. Los diez cuernos son el poderío militar.
PRETERISTA	La mujer es el Israel fiel que dio a luz a Cristo (el niño). El dragón, Satanás, persiguió a la iglesia mesiánica, si bien, ella escapó de la destrucción de Jerusalén al prestar atención a las palabras de Jesús (Lc 21:20-22) y al huir a las colinas del desierto (el lugar preparado).

	APOCALIPSIS 13:18 666	APOCALIPSIS 14:14-16 El Hijo del Hombre con la hoz afilada
	Es el número del futuro Anticristo, alguien que será como Nerón de vuelta de los muertos.	Es una visión de la cosecha venidera al final de la era, cuando Cristo separará a los malvados para el juicio.
	Puede ser el número de la palabra *Lateinos* y, por lo tanto, se refiere al papa/papado latino o católico-romano.	Es una visión de los últimos días, cuando Cristo vendrá y reunirá a los suyos para sí.
	Es el número de la imperfección y la maldad humanas que conduce al culto a los ídolos. 	Es una visión del juicio final y de la venida de Cristo al final de los tiempos.
	Es el número que suman las letras del nombre «Nerón César».	Es una visión de la venida de Cristo para reunir y preservar a su iglesia del juicio que caería sobre Jerusalén.

	APOCALIPSIS 15:1-4 El canto de Moisés y del Cordero
FUTURISTA	Es el canto de salvación de la persecución de los últimos días del Anticristo y el consiguiente juicio de Dios. Los creyentes pueden experimentar algo de persecución, pero no tendrán que soportar la ira de Dios.
HISTORICISTA	Esa puede ser la canción de la salvación final de la esclavitud al abuso del poder religioso y político entre muchos de los papas.
IDEALISTA	Ese es el canto de salvación que todos los redimidos han cantado a lo largo de la historia y que cantarán de nuevo cuando Cristo venga otra vez.
PRETERISTA	Es el canto de salvación de y victoria sobre la impía persecución religiosa y política que sufrieron los cristianos en Israel y en el mundo romano.

	APOCALIPSIS 16:10-11 La quinta copa
	La copa es el juicio venidero sobre el Imperio romano revivido que se llevará a cabo en los últimos días.
	La copa podría ser el juicio sobre el papa romano Pío VI, el cual ocurrió cuando las fuerzas revolucionarias francesas despojaron al Vaticano y tomaron cautivo al papa en 1798. El papa se vio obligado a huir de Roma de nuevo en 1848. Ese acontecimiento se predijo al utilizar 1260 días como 1260 años (Ap 12:6).
	La copa muestra lo que acontecerá y sucede a quienes se oponen firmemente a Dios. Los juicios de oscuridad y llagas recuerdan las plagas de Egipto.
	La copa es el juicio que cayó sobre Roma en el año 69 d. C. Tan solo en ese año, Nerón se suicidó, tres emperadores fueron depuestos, una guerra civil enfrentó a romanos contra romanos y un incendio consumió el templo de Júpiter Capitolino hasta los cimientos, lo cual ocasionó oscuridad durante el día.

	APOCALIPSIS 17:1-18 **La gran prostituta**
FUTURISTA	La prostituta es el símbolo de un sistema religioso falso, un nuevo orden religioso mundial. La coalición religiosa tendrá influencia política ligada al poder de la bestia (Anticristo), la cabeza de la alianza (diez cuernos) de diez naciones de Europa en los últimos días.
HISTORICISTA	La prostituta podría ser la corrupta Iglesia Católica Romana, incluso las falsas iglesias «protestantes» que han salido de ella. Su influencia política y religiosa la ejercen el bestial papado romano y la cultura de Europa Occidental.
IDEALISTA	La prostituta es toda religión falsa y corrupta que se ha aliado con el poder político para dominar. Dios advierte que tal religión llegará a un fin terrible cuando la fe verdadera triunfe.
PRETERISTA	La prostituta es Jerusalén. Su influencia política y religiosa falsa la ejerce el Imperio romano (la bestia). Las siete cabezas son Roma y los primeros siete emperadores. Nerón (el sexto de los emperadores) gobernaba en ese momento. Los diez cuernos son las diez provincias imperiales.

APOCALIPSIS 18:9-24
La caída de Babilonia

La destrucción de los sistemas religiosos, políticos y económicos del mundo venidero, bajo el control del Anticristo y el falso profeta, será un desastre de dimensiones sin paralelo.

La destrucción de Roma (Babilonia) será completa y absolutamente devastadora. Las consecuencias de predicar un falso evangelio, de perseguir a los verdaderos creyentes y de incursionar en la política del poder la llevarán a ese fin. Muchos llorarán su pérdida, pues será definitiva.

La destrucción de Babilonia revela que el juicio de Dios es total y definitivo. Ya sea Nínive, Babilonia, Roma o cualquier otra potencia económica que se oponga a Dios, está destinada al fracaso.

La destrucción de Jerusalén (Babilonia) es súbita y completa. La miseria y el desastre económico son casi indescriptibles y una fuente de gran desesperación. Hasta el día de hoy, el templo nunca se ha reconstruido.

	APOCALIPSIS 19:1-10 La boda del Cordero y su novia
FUTURISTA	Toda la iglesia es la novia de Cristo, cuyo matrimonio se anuncia y se celebra. Esa escena se refiere a los acontecimientos cercanos al fin del mundo y de la historia.
HISTORICISTA	La eliminación total de la religión falsa, que Roma (Babilonia) representa, permitirá que los fieles cumplan el propósito para el cual Cristo vino: la evangelización del resto del mundo. Se invitará a todas las personas a tener una relación con Dios.
IDEALISTA	Las antiguas bodas judías pueden ser una metáfora útil. Los profetas anunciaron la boda. Jesús llega y se desposa con su novia (la iglesia), al pagar la dote en la cruz. Cuando Jesús venga de nuevo, le ofrecerá a su novia una cena de bodas.
PRETERISTA	Todo el libro ha tratado acerca de la fidelidad y utiliza la imagen del matrimonio: el documento de divorcio del capítulo 5, las imágenes de la mujer perseguida y la prostituta. Ahora, el libro avanza a la cena de bodas de Cristo y su iglesia. 

APOCALIPSIS 20:1-15 **El Milenio**	APOCALIPSIS 21:1-27 **La nueva creación**
El Milenio es el futuro reinado físico de Jesucristo en la tierra.	La nueva creación llegará cuando Cristo venga de nuevo e inaugure la era venidera.
El Milenio es el reinado espiritual presente de Cristo en la vida de su pueblo.	La nueva creación llegará con Cristo en su segunda venida, pero hay un sentido real de que ya ha llegado al corazón del creyente. Los cristianos viven ahora como ciudadanos de la nueva Jerusalén.
El Milenio es el reinado espiritual presente de Cristo en la vida de su pueblo.	La nueva creación es algo que Dios hace continuamente cada nuevo día. Sin embargo, llegará un día en que Cristo regresará personalmente y hará nuevas todas las cosas.
En el preterismo parcial, el Milenio puede ser el reinado literal de Cristo en la tierra o un reinado espiritual. En el preterismo pleno, el Milenio es el regreso y reinado espiritual de Cristo, el cual comienza en el primer siglo.	La nueva creación es ahora y es futura. Desde la destrucción de la antigua Jerusalén, los cristianos han estado construyendo la nueva Jerusalén dondequiera que se crea en el evangelio, y han estado esperándola en su totalidad cuando Cristo regrese.

	APOCALIPSIS 22:1-21 **La salvación y la sanidad de las naciones**
FUTURISTA	Continuará hasta la Gran Tribulación, cuando el Anticristo prevalecerá temporalmente. En su segunda venida, Cristo triunfará y dará comienzo a la salvación final de los fieles. 
HISTORICISTA	Está sucediendo ahora y, finalmente, se completará cuando Cristo regrese.
IDEALISTA	Es lo que Dios siempre ha hecho en el mundo: buscar y salvar a los perdidos. Cristo arreglará todas las cosas cuando regrese.
PRETERISTA	Continuará a medida que el Evangelio crezca y se extienda por todo el mundo. Jesús finalizará y renovará todas las cosas cuando venga.

¿Cuáles son los puntos de vista sobre el Milenio?

Apocalipsis 20, la única referencia directa de la Biblia a un reinado de Cristo con duración de mil años, es una de las secciones más controvertidas de la Biblia. Hay tres puntos de vista básicos que ayudan a categorizar sus diferentes interpretaciones: premilenialismo, amilenialismo y postmilenialismo.

El premilenialismo

El premilenialismo enseña que Cristo regresará antes del milenio. Jesús gobernará el mundo e iniciará una era de paz y seguridad. Hay dos tipos de premilenialismo: *el premilenialismo histórico* y el *premilenialismo dispensacional.*

El *premilenialismo histórico* es la creencia de que Cristo regresará al final de la Gran Tribulación. Ese tiempo de tribulación puede durar siete años, o el «siete», un número bíblico que con frecuencia simboliza completitud, puede referirse a lo abarcador de esa tribulación. La iglesia pasará por ese tiempo de angustia, con todo, resistirá para recibir a Cristo cuando regrese.

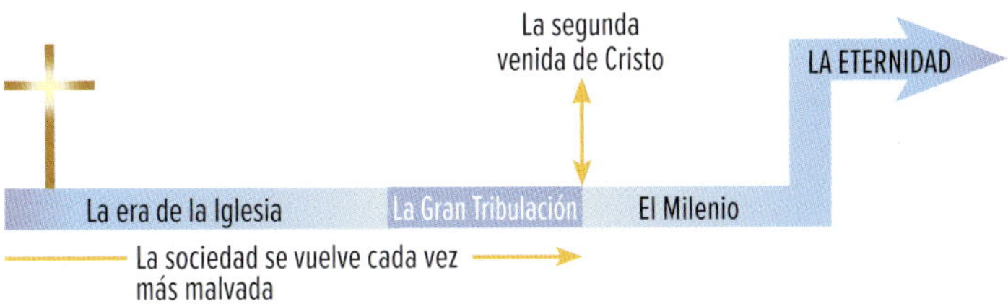

El *premilenialismo dispensacional* es la creencia de que la iglesia no padecerá la Gran Tribulación. Cristo se llevará a la iglesia antes de que inicie ese tiempo, o en algún momento antes de que ocurran las más severas experiencias de la Tribulación.

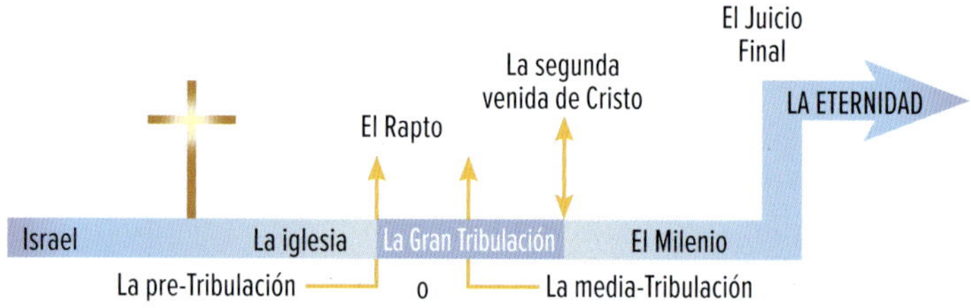

El amilenialismo

El *amilenialismo* es la creencia de que el milenio no es un período concreto de mil años, sino el período que ahora está en progreso, en el que el evangelio se extiende por todo el mundo y Cristo gobierna a la derecha de Dios el Padre.

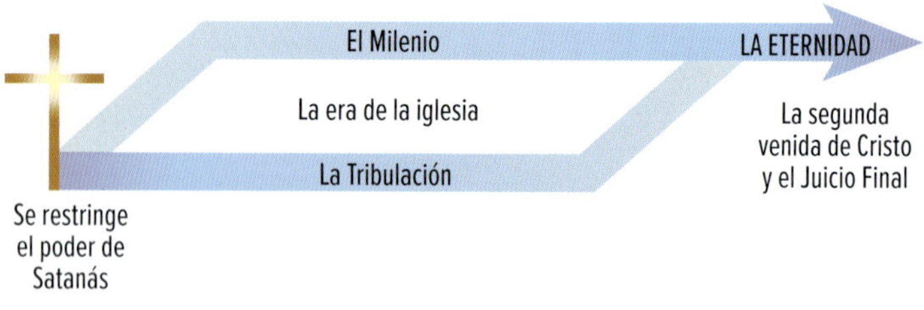

El postmilenialismo

El *postmilenialismo* es la creencia de que habrá un período de gran paz y seguridad cuando el evangelio se haya extendido por todo el mundo y Cristo reine espiritualmente, por medio de su pueblo. Después de ese tiempo de más o menos mil años, Cristo regresará para poner fin a la historia.

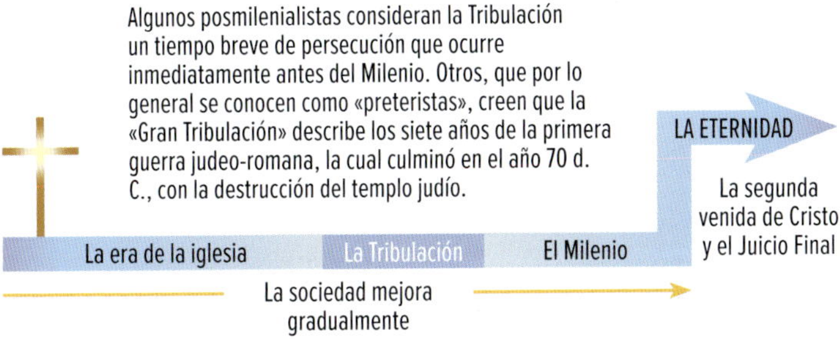

EL PREMILENIALISMO HISTÓRICO

¿Regresará Jesús físicamente?	Sí
¿Cuándo regresará Jesús?	Después de la Tribulación; antes del Milenio
¿Ocurren al mismo tiempo el Rapto y la segunda venida de Cristo?	Sí
¿Habrá una Gran Tribulación?	Sí
¿Sufrirán los cristianos durante la Tribulación?	Sí, los cristianos pasarán por la Tribulación y soportarán sufrimiento y persecución por la causa de Cristo.
¿Habrá un Milenio literal de 1000 años?	Sí, después de la Tribulación, Cristo regresará y reinará durante 1000 años.
¿Quiénes se salvan?	Solo los cristianos
¿Es el estado moderno de Israel pertinente para las profecías de Apocalipsis?	No
¿Cuándo se sostuvo más este punto de vista?	Es el primer punto de vista acerca de los últimos días, el cual surgió a finales del primer siglo.

EL PREMILENIALISMO DISPENSACIONAL

¿Regresará Jesús físicamente?	Sí
¿Cuándo regresará Jesús?	Después de una tribulación de siete años; antes del Milenio
¿Ocurren al mismo tiempo el Rapto y la segunda venida de Cristo?	No; son acontecimientos separados por siete años (el Rapto antes de la Tribulación) o tres años y medio (el Rapto a mitad de la Tribulación).
¿Habrá una Gran Tribulación?	Sí
¿Sufrirán los cristianos durante la Tribulación?	Los cristianos son arrebatados ya sea antes de la Tribulación (el Rapto antes de la Tribulación) o tres años y medio después de iniciada la Tribulación (el Rapto a mitad de la Tribulación).
¿Habrá un Milenio literal de 1000 años?	Sí; después de la tribulación de siete años, Cristo regresará y reinará por 1000 años.
¿Quiénes se salvan?	Solo los cristianos
¿Es el estado moderno de Israel pertinente para las profecías de Apocalipsis?	Sí
¿Cuándo se sostuvo más este punto de vista?	Se volvió popular alrededor de 1860. Ha aumentado su popularidad desde entonces.

EL AMILENIALISMO

¿Regresará Jesús físicamente?	Sí
¿Cuándo regresará Jesús?	En cualquier momento; un marco de tiempo detallado no es importante.
¿Ocurren al mismo tiempo el Rapto y la segunda venida de Cristo?	Sí
¿Habrá una Gran Tribulación?	La Tribulación ocurre cada vez que los cristianos son perseguidos o estallan guerras y sobrevienen desastres.
¿Sufrirán los cristianos durante la Tribulación?	Sí, los cristianos sufrirán y soportarán persecución hasta que Jesús regrese; la persecución aumentará al final.
¿Habrá un Milenio literal de 1000 años?	No, el Milenio se refiere al reinado de Cristo en los corazones de sus creyentes.
¿Quiénes se salvan?	Solo los cristianos
¿Es el estado moderno de Israel pertinente para las profecías de Apocalipsis?	No
¿Cuándo se sostuvo más este punto de vista?	Fue popular en 400 d. C. Todavía se acepta en la actualidad.

EL POSMILENIALISMO

¿Regresará Jesús físicamente?	Sí
¿Cuándo regresará Jesús?	Después del Milenio
¿Ocurren al mismo tiempo el Rapto y la segunda venida de Cristo?	Sí
¿Habrá una Gran Tribulación?	La Tribulación es la guerra judeo-romana del primer siglo o el conflicto continuo entre el bien y el mal antes del Milenio.
¿Sufrirán los cristianos durante la Tribulación?	Sí, se llama a los cristianos a compartir el evangelio; la Tribulación ocurrirá cuando ese evangelio enfrente oposición.
¿Habrá un Milenio literal de 1000 años?	No, el Milenio se refiere a un período de paz en el que el Evangelio llega a todas las personas.
¿Quiénes se salvan?	Solo los cristianos
¿Es el estado moderno de Israel pertinente para las profecías de Apocalipsis?	No
¿Cuándo se sostuvo más este punto de vista?	Pudo haber sido popular ya para el año 300 d. C. Hoy en día es menos popular.

¿QUÉ ES LO MÁS IMPORTANTE DE APOCALIPSIS?

A estas alturas, tal vez ya te hayas preguntado: «¿Por qué hay diferentes puntos de vista en cuanto a Apocalipsis? ¿Por qué no puede todo el mundo ponerse de acuerdo en una sola perspectiva?». Esas son buenas preguntas, pero ¡no resulta fácil responderlas! Todo el asunto sería mucho más simple si los cristianos, en conjunto, coincidieran en un punto de vista en particular. Sin embargo, ese no es el caso. Cuando se trata de estudiar estos asuntos, los cristianos que confían sinceramente en la verdad de las Escrituras han llegado a conclusiones muy diferentes entre ellos. Eso ha sido cierto por lo menos desde el siglo II o III, por lo que es probable que continúe siendo así hasta que Cristo regrese.

En cualquier caso, el objetivo del libro del Apocalipsis no es obsesionarse con sus detalles o criticar a los cristianos que sostienen diferentes puntos de vista en cuanto de los últimos días. Más bien, lo que más importa es lo que se le inspiró a Juan que escribiera al final de Apocalipsis: que, independientemente de las circunstancias, «la gracia del Señor Jesús» estará con todos aquellos que confían en él (Apocalipsis 22:21). En ese espíritu, los cristianos concuerdan en las verdades y temas esenciales de Apocalipsis, y en que Apocalipsis se centra en la persona de Jesucristo.

Las verdades esenciales

El antiguo Credo de los Apóstoles declara que Jesús «ascendió a la diestra de Dios Padre; de allí, volverá para juzgar a los vivos y a los muertos». Más adelante, en el mismo credo, los cristianos declaran su creencia en «la resurrección de la carne y la vida eterna». El Credo de Nicea reafirmó y amplió esta confesión esencial: «Ascendió al cielo y está sentado a la derecha del Padre. Vendrá otra vez en gloria a juzgar a los vivos y a los muertos, y su reino no tendrá fin. [...] Esperamos la resurrección de los muertos y la vida del mundo venidero». Independientemente de sus puntos de vista, los cristianos de todo el mundo y a lo largo de los tiempos comparten esta creencia común: **Jesús fue crucificado, volvió a la vida, ascendió a su Padre y regresará físicamente a la tierra.**

Independientemente de sus puntos de vista, los cristianos de todo el mundo y a lo largo de los tiempos comparten esta creencia común: *Jesús fue crucificado, volvió a la vida, ascendió a su Padre y regresará físicamente a la tierra.*

Además, al parecer, todos los cristianos coinciden en que el mensaje de Apocalipsis es tan pertinente para los cristianos hoy en día como lo fue para los cristianos en los tiempos de los apóstoles. También están de acuerdo en que el propósito principal de Apocalipsis es proporcionar esperanza y aliento a los creyentes de todos los tiempos, especialmente en períodos de persecución o sufrimiento. Apocalipsis es claro, por lo menos, en tres puntos:

1. Cristo regresará y juzgará a la humanidad.
2. Los poderes del mal están condenados ante Cristo.
3. Dios promete un futuro maravilloso para todos aquellos que creen en Cristo.

Los temas esenciales

Yo Juan, vuestro hermano, y copartícipe vuestro en la **tribulación**, *en el* **reino** *y en la* **paciencia** *de Jesucristo, estaba en la isla llamada Patmos, por causa de la palabra de Dios y el testimonio de Jesucristo.*

APOCALIPSIS 1:9, RVR60 (énfasis añadido)

El reino

El libro del Apocalipsis se centra en Cristo y el reino de Dios. A lo largo de la historia de la iglesia, la mayoría de los cristianos han estado de acuerdo en que Dios el Padre estableció un reino por medio de la vida, muerte y resurrección de Jesucristo. ¡La Buena Noticia de Jesús es, después de todo, la Buena Noticia del reino! (Mateo 3:2; 4:17, 23). Otro término para el reino de Dios es «el reino del cielo». Cuando se comparan pasajes paralelos de los Evangelios, queda muy claro que el reino de Dios y el reino del cielo son dos frases diferentes que describen una realidad idéntica (comparar Mateo 8:11 con Lucas 13:29 o Mateo 11:11 con Lucas 7:28). En Apocalipsis, la Buena Noticia del reino, la cual se anunció en la primera venida de Cristo, florece en su plenitud en la segunda venida de Cristo.

La tribulación

El libro del Apocalipsis anima a los creyentes cuando les habla acerca de sus sufrimientos. Los cristianos reconocen que, debido a que el reino de Dios aún no ha llegado plenamente a la tierra, el pueblo de Dios experimenta persecución, tribulación y angustia. Toda la creación «gime» con los hijos de Dios (Romanos 8:22). Un día, cuando el reino de Dios se haya establecido por completo, toda forma de tribulación terminará para quienes se hayan decidido por Jesús.

Paciencia

El libro del Apocalipsis ofrece una esperanza que conduce a la paciencia. Hasta que el reino venga en su plenitud, los cristianos esperan y se esfuerzan con paciencia. La paciencia es muy diferente de la pereza o la espera pasiva. Paciencia significa trabajar juntos para expresar y extender el reino de Cristo en la vida de los demás, en tanto que descansamos pacientemente en la bondad de la providencia de Dios aquí y ahora.

La persona esencial: Jesucristo

Al igual que la estrella polar que guía a los excursionistas y a los barcos, el libro del Apocalipsis guía a los lectores a «la estrella brillante de la mañana» (Apocalipsis 22:16): Jesús es el Cordero que fue sacrificado para salvar a los pecadores de la muerte, y el Rey que reclama su trono en victoria y justicia.

Toda la Biblia testifica acerca de Jesús (Juan 5:39; Lucas 24:27), de modo que Apocalipsis es el punto culminante. Génesis, el primer libro de la Biblia, narra el comienzo de la historia. Describe la belleza y la perfección de la creación de Dios hasta que Satanás, disfrazado de serpiente, tienta a Adán y Eva para que desobedezcan a Dios. En ese momento, el pecado, el sufrimiento y la muerte entran al mundo. En consecuencia, Dios les prohíbe a Adán y Eva comer del árbol de la vida, pero también les da a entender que enviará a un Redentor para salvar a la humanidad del poder del pecado y de la muerte (Génesis 3:14-15).

La historia de este Redentor, Jesucristo, la desarrolla el resto de la Biblia. Apocalipsis, el último libro, muestra cómo Dios restaura lo que se perdió en Génesis. En sus visiones del cielo, Juan ve a Jesús como el Señor resucitado y glorificado, quien es digno de adoración por parte de toda la creación. Jesús tiene autoridad sobre todas las cosas, incluso el pecado, la muerte y Satanás. Apocalipsis 20:1-3 describe cómo «un ángel [...] Sujetó con fuerza al dragón —la serpiente antigua, quien es el diablo, Satanás— y [...] lo lanzó al abismo». Cristo da descanso y paz a sus seguidores en el cielo nuevo y la tierra nueva, donde el árbol de la vida sana. Esta esperanza es la que los cristianos han albergado durante siglos, y continuarán haciéndolo hasta que Cristo regrese. «Aquel que es el testigo fiel de todas esas cosas dice: "¡Sí, yo vengo pronto!"» (Apocalipsis 22:20).

TÉRMINOS CLAVES

666: El número de la bestia que, en ocasiones, se relaciona con la marca de la bestia. En Apocalipsis 13:18 se expresa como 666. Los idiomas griego y hebreo no tenían un sistema escrito de números. Más bien, los números se deletreaban o escribían con las letras del alfabeto. Por ejemplo, la primera letra del alfabeto puede representar el número uno, y así sucesivamente. Muchos eruditos han señalado que, en hebreo, el número del nombre de Nerón César puede ser 666, si se utiliza la escritura griega de «Nerón». (Nerón reinó en los años 54–68 d. C. Fue el primer emperador que emprendió una persecución específica contra los cristianos). Tal vez, la mejor forma de entender el número es recordar que *seis* es un símbolo de incompletitud; 666 indicaría una imperfección completa.

Nerón

144.000: Grupo de creyentes que soportan la Gran Tribulación (Apocalipsis 7:14). Algunos sugieren que se trata de 144.000 personas judías —12.000 de cada tribu— que aceptan a Jesucristo como su Señor (Apocalipsis 7:4-9). Otros sostienen que *Israel* y *las doce tribus* con frecuencia se refieren a los cristianos (Romanos 9:6-8; Gálatas 6:16;

Santiago 1:1). Por lo tanto, el número señalaría al pueblo de Dios (simbolizado por doce tribus, doce apóstoles o ambos) multiplicado por 1.000 (un número que simboliza una multitud extrema o la longitud de tiempo), en otras palabras, el número completo de aquellos que pertenecen a Dios.

ANTICRISTO: (del griego *antíjristos,* «en lugar de Cristo»). Cualquiera que niegue lo que los apóstoles enseñaron acerca de Jesucristo (1 Juan 2:18-22; 4:3; 2 Juan 1:7). Específicamente, el Anticristo es una falsificación satánica de Jesucristo, a quien se describe como «hombre de anarquía» y como una «bestia» (2 Tesalonicenses 2:3-8; Apocalipsis 13:1-18; 17:3-17). El Anticristo podría ser o una persona específica que asciende al poder durante un tiempo de tribulación o un símbolo de los falsos maestros y líderes que se levantarán cuando se acerquen los últimos días.

ARMAGEDÓN: (Del hebreo *Jar-Meguiddón,* «monte Meguido») La ciudad de Meguido se ubicaba entre la llanura de Jezreel y la costa occidental de Israel. Débora, Gedeón, Saúl, Ocozías y Josías libraron batallas decisivas cerca de Meguido, en gran parte porque el territorio que

Antiguas ruinas de Meguido

está alrededor de Meguido es ancho y plano. De esa manera, el valle de Meguido se convirtió en el símbolo de un punto de conflicto decisivo. Algunos creen que una batalla literal de los tiempos finales ocurrirá cerca de Meguido hacia el fin de los tiempos. Otros ven la referencia a Armagedón como un símbolo de un conflicto final entre las fuerzas espirituales del bien y del mal.

BABILONIA: En el libro del Apocalipsis, el nombre «Babilonia» es simbólico, pero las interpretaciones varían:

1. **Jerusalén:** Personas judías ayudaron a los romanos en su persecución contra los cristianos después del año 64 d. C. La caída de Babilonia anunciada en Apocalipsis 18 podría tratarse de una referencia simbólica a la caída de Jerusalén ocurrida en el año 70 d. C.
2. **Roma:** Después del año 70 d. C., era frecuente que los escritores judíos se refirieran a Roma como «Babilonia»[1]. Babilonia puede simbolizar los poderes políticos y religiosos de todas las épocas que intentan desafiar a Dios y perseguir a su pueblo.

3. **Un solo gobierno y una sola iglesia mundiales:** «Babilonia» puede ser una referencia a un solo gobierno mundial y a una sola iglesia mundial que surgirán cerca de los últimos días.

BESTIAS, DOS: Criaturas simbólicas descritas en Apocalipsis 11:7 y 13:1-18.

1. **La primera bestia:** Esta criatura surge del mar y tiene diez cuernos y siete cabezas. Al parecer, las siete cabezas señalan a Roma, la ciudad conocida por sus siete colinas. Algunos intérpretes la entienden como una referencia literal a un poder que se levantará desde Roma cerca de los últimos días. Otros la ven como una referencia simbólica a los poderes de todas las épocas que desafían el dominio de Dios y persiguen al pueblo de Dios. La bestia reclama nombres blasfemos para sí misma, al igual que Domiciano, emperador desde el año 81 hasta el 96 d. C., quien exigió que se dirigieran a él como «señor y dios». Uno de los cuernos, al parecer, había muerto; sin embargo, luego volvió a la vida, al igual que el falso rumor que surgió después de la muerte de Nerón, de que había vuelto a la vida[2].
2. **La segunda bestia:** Esta criatura se levanta de la tierra con cuernos como los de un cordero y una voz como la de un dragón. En otras palabras, es una parodia satánica acerca de Jesucristo, el Cordero de Dios. Algunos intérpretes entienden que esta criatura es un líder literal que animará a la gente a rendir culto a la

primera bestia. Otros ven a la segunda bestia como un símbolo de cualquier religión de cualquier época que dirige a las personas a rendir culto a cualquier otra cosa que no sea Jesucristo.

JUICIO FINAL: Es el acontecimiento que se describe en Apocalipsis 20:11-15, cuando Dios resucita a todas las personas, las juzga desde el gran trono blanco y las entrega a sus destinos eternos.

LITERATURA APOCALÍPTICA: (Del griego *apokálupsis*, «revelación») Un género de escritos judío, estructurado en torno a visiones que, en sentido figurado, exponían verdades que, hasta ese momento, se habían mantenido escondidas con el propósito de asegurarle al pueblo de Dios que los planes divinos durante períodos de persecución son buenos.

MARCA DE LA BESTIA: La señal de lealtad de una persona a las enseñanzas del Anticristo (Apocalipsis 13:16-17). El pueblo de Dios recibe una marca similar, la cual indica su lealtad a Jesús (Apocalipsis 7:3; 9:4; 14:1; 22:4). Algunos estudiosos de la Biblia creen que la marca de la bestia será una marca real, requerida por el Anticristo. (En el tiempo entre el Antiguo y el Nuevo Testamento, algunos judíos fueron obligados a tener la marca del símbolo del dios Dionisio)[3]. Otros intérpretes de Apocalipsis entienden que la marca es una referencia a las *acciones* («mano») y *creencias* («frente») de alguien. Al parecer, «mano» y «frente» tienen ese significado simbólico en Éxodo 13:9, 16.

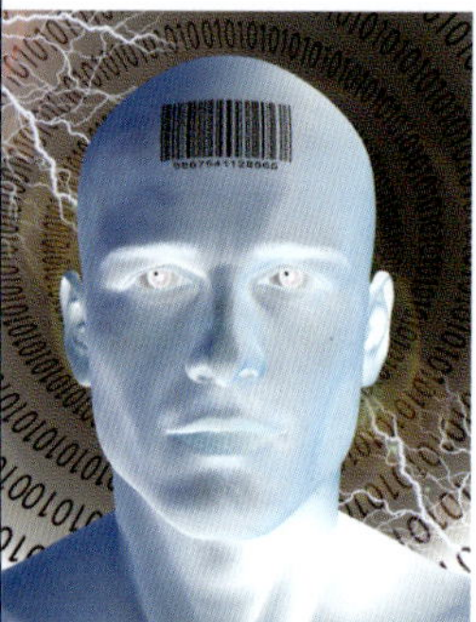

MILENIO: El reinado de mil años de Jesús en la tierra (Apocalipsis 20:4-6).

- **Premilenialismo:** El Milenio es un acontecimiento *futuro* y Jesús regresará *antes* (pre-) del milenio.
- **Amilenialismo:** El Milenio es un símbolo del reinado actual de Cristo entre su pueblo.
- **Posmilenialismo:** Jesús regresará *después* (pos-) del Milenio. El Milenio es un tiempo en el que la mayor parte del mundo se somete a Jesús y reinan la paz y la justicia.

OBJETO SACRÍLEGO QUE CAUSA PROFANACIÓN: Un acontecimiento que profana el templo de Jerusalén. Es una señal para los seguidores de Jesús de que pronto llegará la destrucción de Jerusalén. Se menciona en Mateo 24:15; puede referirse a la destrucción del templo en el año 70 d. C. por parte de los romanos, a los planes romanos de erigir una estatua del emperador en el templo en el año 40 d. C. o a algún acontecimiento futuro.

PRIMERA VENIDA DE CRISTO: Se refiere a la vida terrenal y al ministerio de Jesucristo, fechada alrededor de los años 4 a. C.–30 d. C.

RAPTO: Acontecimiento que se describe en 1 Tesalonicenses 4:15-17, en el que Jesucristo regresa por su pueblo. *Los premilenialistas dispensacionales* creen que el Rapto y la segunda venida de Jesús son *dos acontecimientos separados.* Colocan el Rapto *antes*

de la Gran Tribulación y la Segunda Venida *después* de la Tribulación. Los *premilenialistas históricos,* los *amilenialistas* y los *posmilenialistas* entienden que la segunda venida de Jesús y el acontecimiento que se describe en 1 Tesalonicenses 4:15-17 son el mismo acontecimiento (del latín, *raptus,* arrebatar).

SEGUNDA VENIDA DE CRISTO: Es el regreso corporal de Jesús a la tierra para gobernar como rey.

TESTIGOS, DOS: Son dos seres que se describen en Apocalipsis 11:1-14, los cuales hablan la verdad acerca de Dios antes de que los asesinen y que luego resucitan. Las interpretaciones varían:

1. Algunos creen que esos dos testigos son dos personas que aparecerán durante la Tribulación, cerca del fin de los tiempos.
2. Otros los ven como dos profetas bíblicos, tal vez Moisés y Elías, que resucitan con el propósito de proclamar la verdad de Dios durante la Tribulación.
3. Otros intérpretes ven a los dos testigos como símbolos de la Ley y los Profetas —ambos testificaron de Jesús, pero ese testimonio se rechazó, incluso hasta el extremo de que asesinaron a quienes apelaron a ese testimonio (por ejemplo, Esteban en Hechos 7)—. De ser así, la «resurrección» de los dos testigos señalaría un tiempo de vindicación final, un punto en el que Dios demuestra que la Ley y los Profetas sí testificaron acerca de Jesucristo.

TRIBULACIÓN, GRAN: Es el tiempo en que ocurren desastres en la tierra y las personas que son fieles a Jesús sufren una intensa persecución, posiblemente durante siete años (Apocalipsis 7:14).

- Los *premilenialistas* ubican la Gran Tribulación cerca del tiempo en que Cristo regresa.
- Los *premilenialistas dispensacionales* típicamente creen que la Tribulación durará exactamente siete años.
- Muchos *premilenialistas históricos* ven la referencia a los «siete años» como un símbolo de la completitud de los tratos de Dios con el mundo a medida que se acercan los últimos días.
- La mayoría de los *amilenialistas* y *posmilenialistas* tratan la Tribulación como un símbolo de las calamidades y persecuciones que han ocurrido a lo largo de la historia de la iglesia.
- Algunos *amilenialistas* y *posmilenialistas* son *preteristas*: creen que la Gran Tribulación ocurrió entre los años 63 y 70 d. C., durante el conflicto judeo-romano que terminó con la destrucción del templo judío.

Notas

1. G. K. Beale, *The Book of Revelation* [El libro del Apocalipsis] (Grand Rapids, MI: Eerdmans, 1999), 19.
2. G. E. Ladd, *El Apocalipsis de Juan: Un comentario* (Miami, FL: Editorial Caribe, 1985), 159.
3. 3 Macabeos 2:29.